PHILIPPIQUE

CONTRE

LES OCTROYEURS ET LES BRIGUEURS DE PLACES.

Par un Français de 89.

PRIX : 50 CENTIMES.

CHEZ L'AUTEUR,

RUE MONTESQUIEU, 4, AU PREMIER,

ET CHEZ TOUS LES LIBRAIRES DE NANCY ET DU DÉPARTEMENT.

FÉVRIER 1849.

NANCY, IMP. DE HINZELIN ET Cᵉ.
place du Marché, 67.

AVIS DE L'IMPRIMEUR · ÉDITEUR.

L'agitateur, dont nous reproduisons la Philippique, qui n'avait été insérée dans notre journal que coupée en huit tronçons, est trop connu dans sa ville, pour qu'il soit besoin de donner sur sa personne une biographie.

Un fait pourtant est à constater, c'est que l'idée fixe qui le poursuit ne date pas d'hier; et que, l'an dernier, presque à la même époque, nous avons déjà publié une lettre de lui, pleine de son sujet; cette circonstance qui met en relief l'opiniâtre persistance qu'on lui connaît, nous impose l'obligation de remettre cette lettre au jour.

Furetant dans nos archives, nous exhumons encore un fleuron pour notre héros; c'est un appel aux armes, qui fit explosion de la poitrine de l'agitateur, à la première nouvelle de l'outrecuidante circulaire de Ledru-Rollin : cette pièce dénote l'élan d'un cœur patriotique, elle témoigne de plus, ce qui est fort rare de nos jours, d'un certain courage civique.

Nous extrayons encore de l'*Impartial*, la lettre qu'a adressée l'agitateur aux Membres du Gouvernement provisoire pour saluer leur avènement; ce document historique prouve que l'auteur n'est rien moins qu'indifférent aux souffrances du peuple dont, au reste, il se glorifie tous les jours de tirer son extraction.

Enfin, pour éclaircir la mine assombrie qu'on peut supposer à un tel redresseur de torts; pour démontrer à tous que notre Aristarque a l'humeur plus sereine que fâcheuse, nous prenons au hasard l'une des cent-pièces fugitives qui sont sorties de sa plume (1). Cette pièce est encore extraite de notre journal de l'an passé. Ces diverses œuvres de l'auteur étant de fraîches dates, elles ne sont remises qu'en souvenir aux habitants de Nancy.

(1) Parmi ces opuscules, il est quelques morceaux épigrammatiques ; deux, surtout, ont fixé notre attention. Ce sont des lettres, dont l'une à un juge prévaricateur qui connut, dans un procès, où il devait se récuser, et l'autre, à un journaliste qui avait eu l'imprudence de l'apostropher de fou ou de traître :

L'agitateur a prouvé dans ces deux écrits qu'il pouvait manier même l'arme de l'ironie. Si l'on remonte plus haut, on trouvera aux feuilles du *Journal de la Meurthe* du 16 avril et du 10 mai 1833, des articles d'une gaieté à déboucher un obstrué.

Enfin les cinq variantes des cartes de l'an, aux millésimes de 1845, 46, 47, 48, et 49, sont des monuments de son humeur sociable, autant que de sa fertile imagination.

Il n'est pas jusqu'aux œuvres sérieuses de l'agitateur qui ne soient très-agréablement assaisonnées ; suivant son expression , il poétise les chiffres. — L'un de ses comptes-rendus en banque, et il en existe jusque quatorze, a été chanté par les trouvères de la Provence : voir, à ce sujet, le journal l'*Espérance*, du 22 janvier 1848, qui a répété un article contenu dans l'une des feuilles les plus lyriques de Marseille.

Nous relisons toujours avec un nouveau plaisir, le prologue et l'épilogue de l'Arithmétique commerciale en six leçons. — Il y a aussi quelque chose de fort original dans l'épigraphe placée en tête d'un traité de comptabilité qui a pour titre : *La tenue des livres en une leçon.* Pour exciter nos lecteurs à méditer ce travail qui est goûté par les hommes compétents, nous transcrivons ici cette épigraphe :

« Resserré dans moins d'une feuille d'impression, par conséquent
» susceptible d'être vu et réfléchi d'un seul trait, cet épitôme, com-
» plètement digéré, procurera des notions lucides de comptabilité,
» même à l'homme qui répugne aux chiffres ; il fera gravir, d'un saut,
» les régions de la théorie au teneur de livres purement pratique ; en-
» fin, il débrouillera le chaos qu'a produit un enseignement informe
» et nébuleux, chez une foule d'adeptes qui, formés à l'école d'empi-
» riques, en sont positivement à cet état mental de ne pas savoir s'ils
» savent.

Nancy, le 7 mars 1848.

Monsieur le rédacteur de l'*Impartial*,

Dans ma précédente lettre, j'ai dit que c'était un anachronisme de voir et d'agir en 1848, comme on avait vu et agi en 1830 : en effet, de ces deux révolutions, l'une a été faite pour le sérail et l'autre pour le peuple ; mais il n'a pas suffi de repousser dans l'égoût les langes monarchiques, il faut encore que les vrais patriotes gardent le forum pour confondre les égoïstes qui, mesurant les autres à leur aune, crient à tue-tête qu'il n'y a plus de républicains que dans nos musées. — Il est vrai qu'il existe à cette époque une véritable lépre qui, ainsi que celle dont furent infectés nos pères, à la suite des croisades, a été engendrée par une excessive malpropreté : mais qui dit lèpre, dit autre chose qu'une dartre volante qu'on fait disparaître avec la brosse ; il n'y a que l'étrille et, peut-être, que le scalpel qui puisse agir efficacement contre elle.

Cette lèpre de nos jours, qu'on nomme la fonctionomanie et qui date de 1815, passa à l'état d'âcreté en 1830, pour dégénérer presqu'en ulcère, sous le régime oligarchique de trois cents gloutons.

Depuis dix-sept ans, en effet, notre belle France est aux serres de ces impitoyables publicains, auxquels Dieu veuille faire paix et miséricorde, nous bornant, nous, à prononcer sur leurs tombes, ces deux seuls mots : *terre dessus.*

Aujourd'hui que l'autan du 24 février a purgé notre atmosphère des miasmes qu'exhalait le palais des Tuileries et plus encore le Palais-Bourbon, il faut saisir cet instant d'air salubre, pour curer à fond la lèpre dont je viens de parler ; mais, encore une fois, plus le mal est invétéré, plus le remède doit être énergique. Aussi ne faut-il pas moins d'une réforme radicale où, administrations, justice, cultes, diplomatie, finances, armée, etc., etc., devront passer au creuset de draconniennes économies.

C'est surtout dans l'état politique qu'il faut être chien ou loup : car soit qu'avec Buffon ou Lafontaine, on considère, en naturaliste ou en moraliste, ces deux espèces d'animaux, il n'y a pas d'accouplement possible entre eux ; la race métis que Louis-Philippe, dans son rôle de duplicité, dénomma *juste-milieu*, ne fut donc qu'un produit contre nature ; aussi les bourg-pourris, le parlement croupion et la monarchie entée d'institutions républicaines, furent toutes choses non viables.

Vive donc la République, qui vient de nous replacer dans une position saine et nette! Nous quittons l'état le plus abject pour passer à l'état le plus digne ; d'eunuques, nous devenons des hommes virils, d'une nation de fonctionnaires, enfin, nous redevenons un peuple de citoyens ; seulement gardons-nous bien, pour notre nouveau baptême, d'user encore des eaux bourbeuses ou bourbonniennes qui ont servi en 1830.

Arrière donc les coureurs de places! que dis-je? haro sur ces simoniaques qui en prendraient sur l'autel. Honneur en revanche aux nouveaux édiles de notre cité, qui viennent de prendre l'engagement de n'accepter de places, qu'autant qu'elles leur seront données par l'élection ; le citoyen que désigne le suffrage de ses pairs reçoit réellement un mandat de la République, auquel il y aurait presque forfaiture à ne pas déférer.

Le temps des parleurs a fini : le peuple a crié la clôture ; que bientôt, chez nous, comme en Amérique, on glorifie par dessus tout le *vir peritus agendi.*

A MES CONCITOYENS DE LA MEURTHE.

Républicain né, je me révolte contre toute sujétion autre que celle à l'autorité des lois : je descends donc sur la place pour vouer aux furies infernales l'infâme qui a osé expédier vers nous des proconsuls avec droit de vie et de mort.

Ne sommes-nous donc que des automates qui ne se meuvent qu'au doigt et à l'œil de Paris? Cette commune commandera-t-elle encore une fois à toutes les communes de la France? Non, non! la longanimité a des bornes! Que mon âme vibre dans vos âmes, et qu'embrasés du feu sacré de la liberté, tous, comme un seul homme, nous fondions une indépendance nôtre, où la souveraineté populaire trônera sans contrôle.

Plus tard, lorsque l'Assemblée constituante aura résolu, en pleine indépendance, le genre de République que devra adopter la nation, nous rentrerons dans le giron de la grande famille, car, avant tout, nous voulons demeurer français.

Nancy, le 30 mars 1848.

AUX MEMBRES DU GOUVERNEMENT PROVISOIRE.

Citoyens,

La conséquence la plus logique qui découle de notre dernière révolution, est sans contredit l'abolition de l'impôt sur le sel. — Cet acte de justice qui est encore un acte de politique, n'a pu échapper à vos libérales inspirations; mais les besoins du trésor, qui sont-là comme une tête de Méduse, vous ont arrêtés tout court.

Si je suivais mes instincts patriotiques, qui n'admettent aucun ajournement quand il s'agit de réparer une haute iniquité, je passerais outre ; mais, au même instant, je ferais une échelle de réduction sur tous les traitements des fonctionnaires.

Les droits sur le sel produisent au fisc **60** millions. Certes, il n'est rien moins que déraisonnable de rogner cette somme sur les traitements fastueux, donnés par le gouvernement dilapidateur et corrupteur qui vient de finir.

Déjà, par cette simple mesure de fixer aux traitements un maximum de 8,000 fr. net, on retrouverait une notable partie du déficit ; mais il importe que tous les fonctionnaires viennent en aide au trésor, et la réduction doit peser sur l'universalité des parties prenantes au budget.

Partant donc de la base du chiffre nominal de 16,000 fr. comme le plus gros traitement que paiera désormais la République, on réduirait ces traitements à l'échelle qui suit :

50 0[0 sur	16,000	58 0[0 sur	10,000	18 0[0 sur	5,000
48	15,000	35	9,000	14	4,500
46	14,000	32	8,000	10	4,000
44	13,000	29	7,000	4	3,500
42	12,000	26	6,000	2	3,000
40	11,000	22	5,500	et au-dessous.	

Cette mesure, comme toutes les mesures que vous prenez, ne sera que provisoire ; mais elle sera d'un grand poids dans la balance de vos actes, dont la généralité, *jusqu'ici*, a bien mérité de la patrie.

Vous avez une considération supérieure et antérieure à toute autre considération, c'est l'intérêt du peuple. Sacrifiez tout à ce grand objet, et vous serez dans le vrai, et vous déficrez les oppositions mesquines et faquines des égoïstes et des bavards.

Salut et fraternité.

Nancy, 2 mars 1848.

QUELQUES MOTS EN RÉPONSE AUX SARCASMES LANCÉS CONTRE MOI A
L'OCCASION DE MA CARTE DE VISITE DU 1er DE L'AN 1848.

Monsieur le rédacteur de l'*Impartial*,

Permettez-moi de mêler mon grain de sel à la polémique qu'a soulevée votre serviteur, pour avoir pris la liberté grande de faire les choses à sa manière.

Avant tout, je tiens à purger la contumace du jugement rendu contre moi, hors de ma présence.

« Attendu, dit l'arrêt, qu'il a déridé son front par un éclair de
» gaîté, ce qui, chez l'homme grave, constitue un acte éminemment cy-
» nique, par conséquent blasphématoire à la morale publique, nous
» le déclarons déchu de la considération et du crédit, — laquelle peine,
» suivant le dispositif dudit arrêt, n'est ainsi mitigée qu'eu égard à
» l'honorable et intègre carrière commerciale qu'a fournie le délin-
» quant pendant trente-quatre années consécutives.

Voici ma riposte à cette sentence quelque peu prévôtale :

— Considérant que : né Français et non Musulman, il est anti-physique d'exiger de moi une gravité telle qu'il me soit interdit même de rire sous cape.

Attendu que : jouissant du privilége de conserver quelque verve à l'âge où beaucoup sont passés à l'état de conteurs, je croirais offenser Dieu de tenir cette verve sous le boisseau ;

Par ces motifs, je passe outre, et continuerai de donner issue aux feux de mon imagination qui, hélas, ne se rallumant plus qu'à rares intervalles, ne s'éteindront que trop tôt d'eux-mêmes.

Après avoir vidé ma propre affaire, je me permettrai d'adresser à des juges si raides, cette simple question : — N'ont-ils pas observé, en maintes rencontres, que là où d'autres trouvaient du plaisir, eux-mêmes n'éprouvaient que de l'ennui, *et vice versa*.

C'est cette diversité de joies qu'a rendue dans l'un de ses mille proverbes, Sancho Pança, l'écuyer de don Quichotte, ce fantastique personnage que j'ai étudié, il y a bientôt quarante ans, sur le théâtre même de ses exploits.

Voici ce proverbe :

Cada uno su modo de matar las pulgas.

A bon entendeur salut !

29 janvier 1848.

PREMIER ARTICLE (1).

Lorsqu'on saura que je n'ai pas moins de cent ans de vie, l'œuvre quasi posthume que je fais paraître, aura l'autorité qu'un pieux sentiment décerne toujours aux témoignages respectables de l'homme qui, prenant congé de ses contemporains, divulgue des vérités qu'il ne veut pas emporter dans la tombe : du reste, le motif qui me fait agir est très-avouable ; considérant que ce n'est que par emprunt de territoire que je continue à vivoter dans ma petite sphère d'action, je tiens à reconnaître, par service signalé, l'assistance que me prête une génération à laquelle, hélas ! je n'appartiens plus.

Ma voix caduque ne pouvant plus se mêler aux voix juvéniles et viriles du forum, je m'étais enfui sous la voûte du palais législatif où ma naïveté sénile me faisait espérer que je trouverais de l'écho : vain espoir ! là, non plus, ma voix ne rendit qu'un son muet ! — L'investiture du pouvoir suprême par la souveraineté du peuple, a fait surgir chez nos neuf cents tout l'absolutisme qu'avait inauguré, par le droit divin, chez nos maîtres d'autrefois, l'investiture de la royauté.

C'est un fait désormais acquis pour moi que le suffrage universel enivre plus encore que la sainte Ampoule.

En effet, sous Charles X, de béate mémoire, on sauvait au moins les apparences ; alors existait la ressource de l'eau bénite de cour ; tandis que sous Marrast le magnifique (Z), on

---

(1) Les huit articles ont été publiés hebdomadairement dans le journal l'*Impartial* durant les mois de décembre et janvier.

(Z) Marrast de 1848 est dit le magnifique, pour le distinguer de son homonyme de 1793, que l'histoire a dénommé le cynique ; on l'a décoré, du reste, à la section de peinture, de ce surnom, pour l'attitude véritablement royale avec laquelle il pose.

nous éconduit, sans même nous entendre ; et, ce qu'il y a de moqueur, c'est qu'après de tels procédés, nos honorables semblent s'étonner de la mobilité de l'opinion dans le court intervalle de l'élection d'avril à l'élection de décembre.

Que de débonnaireté chez les vieilles gens ! Je croyais être agréable à nos députés, en les aidant de mes avis, et j'exerçais de véritables sévices envers des majestés sultanes ; il n'a pas fallu moins que trois déceptions pour que la lumière se fît ; mais cette lumière a été tellement vive, qu'elle m'a fait voir jusqu'au fond des cœurs ; aussi, je suis si édifié sur les positions relatives de l'électeur, qui n'est qu'une unité, et du constituant, qui est un être à 30, 40, 80,000 têtes, que je me fais fort de fournir d'inspiration l'arrêt qui a mis au néant mes trois requêtes à l'Assemblée nationale.

Voici ce document dont je garantis l'authenticité :

« Un simple citoyen, oseur d'enseignements à son député,
» n'est qu'un Gros-Jean, qui veut en remontrer à son curé.
» Qu'un tel présomptueux ne reçoive pour réponse que notre
» superbe dédain, et que le papier glacé, ayant servi à minu-
» ter ses observations, gise au panier, jusqu'à ce que, redevenu
» mou, il ne puisse être employé qu'aux choses de l'autre
» monde. »

Avis aux républicains candides qui, ne se doutant pas de l'inaccessibilité des citoyens titrés ou illustrés du suffrage universel, croient encore au droit sacré de pétition.

Avis encore aux politiques bénévoles qui pensent que deux seigneuries, issues l'une et l'autre du suffrage universel, peuvent marcher de compagnie.

Le but et les moyens de l'agitation que je soulève fourniront le texte à une deuxième causerie, puis à une troisième, et celle-ci sera suivie d'autres. Dieu veuille que ne quittant pas le caractère pacifique, mon récit se poursuive et s'achève sur le ton de l'églogue dont j'use à mon début.

DEUXIÈME ARTICLE.

Quand on est vieux, on est conteur : c'est stérilement que l'homme ainsi déchu fait trottiner sa faconde en béquilles ; les digressions, pour me servir d'un terme adouci, dont il charge ses narratives, font toujours qu'il n'arrive au fait qu'après de longs circuits.

Ainsi, dans le prospectus que l'auteur de l'*Agitation pacifique* a fait insérer au numéro du 7 de ce mois, on discourt sur la Sainte-Ampoule, sur les majestés sultanes, sur Gros-Jean, sur Marat l'ancien et Marrast le moderne, sur les hommes-prodiges à 80,000 têtes, sur la débonnaireté des vieilles gens, sur l'eau bénite de cour et jusque sur les choses de l'autre monde ; mais sur l'*Agitation pacifique* pas un mot, pas une syllabe. Ce fait seul d'une telle abondance, au début de mon oraison, consacre mes droits aux chevrons dont je me suis galonné, en même temps qu'il fournit un gage de ma placide bonhomie.

Le programme de l'*Agitation pacifique* se résume dans ces quelques aphorismes :

Son dogme : défi des capacités aux médiocrités : mort à tous les népotismes.

Sa base : le plein exercice de la souveraineté du peuple ;

Son but : la réintégration du respect à l'autorité ;

Son objet : l'extirpation du plus grand fléau des temps modernes ;

Ses moyens : le concours presque universel de la nation ; 33,000,000 contre 2,000,000.

Une plaie désole notre beau pays de France, c'est la fonctionomanie : sans fin et sans cesse les solliciteurs bloquent, assiégent ou donnent l'assaut à la société, parce que, une commotion politique appelle inexorablement une autre commotion ; le cri véritable des émeutes n'est plus du pain , mais des places : « ôte-toi de là que je m'y mette , » voilà le vrai sublime pour nos régénérateurs passés , présens et futurs.

Depuis 89, où les constituans monarchiques abolissant les priviléges , proclamèrent l'admissibilité de tous à toutes les places et fonctions, il a surgi des gens de roture qui exploitent le domaine public plus impitoyablement encore que ne le faisaient jadis les familles patriciennes : la foule des compétiteurs aux places s'étant doublée à chacune des vingt révolutions qui ont éclaté durant cette période dernière de soixante ans ; les places, du reste, s'étant embellies chaque jour de charmes plus énervans et plus enivrans, il est littéralement vrai de dire qu'à la poussière d'autrefois on a substitué une véritable lèpre.

On avait lieu d'espérer que nos constituans de 1848 , pour faire ombre à leurs aînés, complèteraient le grand axiôme du droit public, en proclamant, eux républicains, le principe électif partout ; ils n'en ont rien fait ; et leurs successeurs, qui ne seront pas constituans, le feront encore moins.

Cependant, un tel état de choses commence singulièrement à lasser les citoyens qui, étrangers à ces brigues et cabales, ne se procurent l'existence que par un travail indépendant ; eux seuls, en définitive, font les frais ordinaires et extraordinaires des luttes furieuses de nos Spartiates modernes ; c'est uniquement pour y satisfaire qu'ils paient depuis 35 ans de paix , le décime de guerre , et c'est en inauguration du triomphe de chaque parti vainqueur, qu'ils sont bouleversés , à tout instant , dans leurs industries : au-delà de ces considérations d'intérêt matériel, il y a chez eux un sentiment de dignité ; ils sont foncièrement honteux du rôle de niais qu'ils jouent depuis tantôt 60 ans, en servant de marche-pied aux intriguans rouges , bleus et blancs.

Il n'y a qu'un moyen pour rasseoir notre société, qui est tout-à-fait hors des gonds, c'est d'enlever au pouvoir suprême, et, à plus forte raison, à ses satellites, les ministres, le droit de nommer à aucune fonction salariée de l'État : or, comme il nous est impossible d'obtenir, d'autres que de nous-mêmes, une réforme aussi radicale, nos députés étant des *Josse* dans la question, je viens faire appel aux vraies abeilles de la ruche, aux marchands, aux laboureurs, aux vignerons, aux artisans, à tous ceux enfin qui mettent constamment au budget, sans jamais rien y prendre, pour que, tous ensemble, nous accablions sous le nombre, les vampires qui dessèchent les mamelles de l'État.

Avant de donner le branle à mon agitation, je mets au concours un prix de 3,000 fr. pour le meilleur mémoire sur la question suivante :

« Substituer à l'état de chose actuel, un mode d'élection, de
» concours et d'avancement à l'ancienneté, pour toutes les fonc-
» tions salariées de l'État.

» Une foule de questions de détail se rattachant à la question
» principale, l'auteur du mémoire aura à décrire les divers
» cercles d'élections qui, pour le plus grand nombre de carrières,
» seront restreintes dans des zônes de spécialités ; il traitera de
» l'inamovibilité, de la durée de l'emploi, des retraites, de la
» part réservée dans certaines carrières à l'ancienneté, des cu-
» muls, des cautionnements, des conditions d'aptitude chez
» l'éligible à des emplois spéciaux, de l'assimilation des traite-
» ments, des causes de révocation, du degré unique ou des
» deux degrés d'élection, du concours, substitué à l'élection,
» pour les professions scientifiques, etc., etc, (Y).

(Y) Mon appel a été entendu ; déjà me sont parvenus jusqu'à ce jour, 20 février, quatre mémoires qui m'ont été adressés par des hommes spéciaux : l'un de ces mémoires fournit toute l'économie du système anti-népotique, employé en Belgique, à l'effet de pourvoir la judicature. C'était là, selon quelques docteurs, que devait échouer mon système ; un second rappelle les décrets, sur la matière, de décembre 1789 et

Dans un article suivant, je démontrerai comme quoi, si nous voulons être bien servis, il faut que nous fassions nos affaires nous-mêmes.

———————

de juillet 1790. Enfin les deux autres ouvrent des avis sur le mode d'élection à pratiquer dans deux carrières administratives.

Le cas arrivant, que je ne puisse pas décerner le prix de 5,000 fr. mis au concours, je répartirai cette somme entre ceux qui auront fourni des mémoires, encore que ces mémoires ne satisferaient qu'à certains chapitres du programme.

TROISIÈME ARTICLE.

Je ne puis mieux déduire les motifs de mon instance auprès de mes concitoyens qu'en rappelant les principaux passages d'une lettre que j'ai écrite à la Constituante le 28 mai dernier (X). — Voici mon exorde :

« Au premier plan de votre travail vont apparaître, comme
» des têtes de Méduse, deux questions ardues : l'une, le pau-
» périsme des prolétaires ; l'autre, son pendant, le paupérisme
» *des gens comme il faut;* j'emploie cette locution vicieuse
» pour tympaniser d'un mot les *caimandeurs* de places.

» Un remède aussi simple qu'efficace s'offre pour curer à la
» fois ces deux fléaux, c'est de les neutraliser l'un par l'autre,
» en retranchant du deuxième compte deux cents millions qu'on
» appliquera au premier.

(X) J'ai encore écrit à la Constituante deux lettres sous les dates du 19 juin et du 16 juillet; l'une exposait un projet de finances qui eut servi merveilleusement alors. Ce projet fut goûté de mes concitoyens, puisque douze cents d'entr'eux l'appuyèrent de leurs signatures ; l'autre lettre faisait ressortir les vices de la centralisation. En voici un paragraphe :

« Les extrêmes se touchent. L'excès de la civilisation nous place
» aux portes de la barbarie : bien combinée, notre nouvelle cons-
» titution doit rajeunir l'état caduc de la France. La centralisation
» du pouvoir dans Paris y a amené la centralisation de toutes les
» turpitudes ; c'est dans cette sodome moderne que les choses les
» plus sacrées sont foulées au pied, que la patrie, la famille et la
» religion ne sont plus que des mots; que la propriété, l'une des
» puissantes colonnes de la société, est chaque jour plus outra-
» geusement attaquée ; c'est encore là qu'ont fixé leur antre une
» nuée de pillards, qui, nonobstant leur incapacité à gagner leur
» vie par un travail indépendant, sont poussifs des lippées qu'ils
» font des sueurs des contribuables.

» Le paupérisme, dit *des gens comme il faut*, est non-
» seulement une plaie d'argent, mais encore une peste mo-
» rale dont l'infection n'a déjà que trop empuanti notre jeune
» République.

» Voltaire dit que tout pays où la gueuserie devient une
» profession, est mal gouverné. Combien les événements der-
» niers ont donné d'autorité à cette parole du grand homme !
» C'est de pourriture qu'est tombé le régime des fonctionnai-
» res, qui n'a traîné son existence dix-sept ans et sept mois,
» qu'en forçant à chaque budget la curée des places.

» Il faut que le fléau qui nous désole soit endémique sur la
» terre de France, pour que, même à l'avènement de la Ré-
» publique, il y ait récrudescence du mal. Encore si le sen-
» timent de servir le pays, dans une proportion supérieure à
» leur force, était le mobile des gens médiocres qui courent
» les places, on tolérerait, quoique déjà fort molestante,
» cette sotte présomption ; mais, hélas ! on n'a pu que trop
» le constater, le seul instinct qui pousse ces *ardens émérites*
» est de faire proie d'un bénéfice dont la fonction essentielle
» réside dans la tâche d'émarger chaque mois la feuille de
» paiement.

» Outre ce grave inconvénient, que tant d'êtres parasites
» dévorent la partie la plus substantielle du budget, il est facile
» de reconnaître que des primes ainsi données à l'incurie et à
» la fainéantise, aiguillonnent sans cesse de viles ambitions qui
» ne peuvent arriver à leurs fins que par des révolutions nou-
» velles. Trois fois, depuis trente ans, nous avons vu les bar-
» reaux gravir les parquets et les parquets redescendre aux
» barreaux : à l'heure présente, il n'y a peut-être pas moins de
» cent mille solliciteurs qui assiégent les antichambres des ex-
» cellences du jour ; tous s'offrent comme des républicains de la
» veille ; mais, quelque abondante que soit la pluie de Danaé,
» elle n'étanchera pas la soif de cette meute haletante ; il y aura

» des non-satisfaits, et ceux-là, auxquels un masque n'aura pas
» réussi, en changeront tout aussitôt ; ils redescendront dans
» l'arène sous le faux nom de républicains du lendemain. »
Voici ma péroraison.

A la plaie des plaies, le remède des remèdes !
le scalpel seul, peut contre la gangrène.

« On ne peut proclamer trop haut ce fait incontestable,
savoir :

» Que la pullulation de nos lévites modernes est plus des-
» tructive même que celle des sauterelles, et que, encore quel-
» que temps, ni République, ni Monarchie ne pourront assou-
» vir leurs instincts déprédateurs. C'est donc à l'extirpation
» d'un tel fléau qu'on doit s'appliquer par dessus tout.

» A l'état de société avancée, comme à l'état de société
» primitive, il n'y a de magistrature en honneur que celle
» qui est le produit de l'élection. Le fonctionnaire public, qu'il
» soit préfet ou garde champêtre, ne pourra plus prétendre
» au respect et à l'obéissance, qu'autant que sa charge aura
» reçu l'investiture du pouvoir souverain, qui ne transsude
» que de l'élection.

» Le principe de l'admissibilité à toutes les fonctions pu-
» bliques deviendra enfin une vérité ; car il y a des exclus
» là où il y a des intrus : dans la suite, tous participant
» plus ou moins aux affaires du pays, et chacun étant à sa
» place, la société ne sera plus surprise, comme dans ces
» derniers temps, aussi dépourvue d'hommes gouvernemen-
» taux et aussi farcie d'intrigans.

» Successivement, on se débarrassera des touche-à-tout, de
» ces prétendus hommes universels, pour les remplacer par
» des hommes spéciaux, les seuls véritablement utiles dans
» une société aussi avancée que la nôtre.

» Chacun comprenant que la vie tout entière n'étant pas trop

» longue pour exceller dans une carrière, fixera de bonne
» heure, et *ne varietur,* sa vocation professionnelle.

» C'est par le creuset de l'élection, mais de l'élection sin-
» cère (V) qu'on purgera à fonds notre corps social ; l'humeur
» âcre, mordicante, maligne et peccante de la France politique
» n'ayant d'autre ferment que la surabondance excessive des
» frelons de notre ruche.

» Par l'élection aussi, on abattra ces pachalicks de minis-
» tres, essentiellement corrupteurs, puisque par là on leur
» ôtera le pouvoir exhorbitant et si dangereux de distribuer
» des grâces, des faveurs et de l'argent.

» Ce que je requiers, au demeurant, n'est que l'applica-
» cation du principe de la souveraineté du peuple, principe
» resté à l'état de dogme depuis près de soixante ans ; la
» première, et peut-être l'unique prérogative de cette puissance
» gît, en effet, dans la participation la plus directe et la plus
» immédiate de tous et de chacun aux affaires du pays. »

Tel je disais, tel j'étais ! Dieu m'est témoin si ma démar-
che tirait son motif d'ailleurs que de mon brûlant patriotisme :
en passant outre aux dédains de nos constituants, je ne fais

(V) *Article 5 du Code Réformiste, ayant pour titre : l'élection par
leurs pairs, conséquemment l'élection diverse, suivant les diverses carrières, de tous les commis de la République.*

« *Le mandat à vie ou à temps, donné à un citoyen pour gérer telle
» ou telle fonction, sera toujours révocable pour cause de concussion,
» de prévarication ou d'inaptitude ; les mandants, c'est-à-dire ceux
» auxquels appartient l'élection, seront les seuls juges habiles à ap-
» précier le troisième de ces motifs ; toutefois, ceux-ci ne pourront user
» de cette faculté qu'autant que, de leur sein, jaillira une protestation
» contre le maintien d'un fonctionnaire, et que l'acte où sera consigné
» cette protestation, fournira l'expression d'un nombre de volontés
» double à celui représenté par les suffrages originairement captés par
» l'élu.* »

qu'obéir à une inspiration véritablement sainte ; mon agitation est une fièvre sacrée.

L'idée fixe de rendre un éminent service à mon pays, me faisant en appeler même d'un arrêt souverain, ce n'est qu'excessivement pur de faits et d'intentions que je puis aborder l'illustre aréopage, ce tribunal austère qui, formé de tout le peuple, rend la voix de Dieu : ce n'est non plus, que pour offense grave dans ma personne de citoyen, offense par conséquent de lèze-nation, que je suis admissible à porter mes plaintes aussi haut ; or, de tous les sévices envers la grande famille, en est-il un qui fustige davantage que le déni de justice opposé à l'un des siens ?

Ayant vingt-cinq enfants, *dont sept gendres*, j'exerce un véritable patriarchat ; on conçoit qu'un tel sacerdoce surcharge mes devoirs d'intérieurs à l'époque des étrennes ; je laisserai donc sommeiller durant quelques jours mon agitation civique.

Qu'au renouvellement de l'année, mes chers lecteurs agréent mes vœux bien sincères. Qu'illuminés d'âme et d'esprit, ils joignent leur volonté à la mienne, et nous arriverons, *quand même*, à faire partir de 1849, l'ère nouvelle de la France régénérée. *Amen !*

QUATRIÈME ARTICLE.

Marquer le pas est le plus grand acte de vigueur pour l'homme que l'instinct pousse sans cesse en avant ; la trève de quinze jours, donnée à l'agitation, n'a pas allangui l'agitateur : qu'on le sache bien, mon moral est encore ce qu'il était en 1841, lorsque, sur une idée empreinte comme celle d'aujourd'hui, de raison et de vérité, idée dont j'étais également l'auteur et l'apôtre, je m'exprimais en ces termes :

« Je suis un enfant gâté de la fortune ; mon heureuse étoile
» m'a sauvé de mille périls et mon tempérament n'a pas encore
» failli à mes rudes travaux ; ce que j'ai voulu fortement, je l'ai
» toujours obtenu. Ce don du ciel est inépuisable chez moi, et
» j'ai pour principe de conduite, dans les grandes occasions, de
» remplacer mon vœu par la réalité. Cette logique m'a suscité
» de nombreux obstacles, je les ai tous brisés. Ce qui n'était
» que mouvement de tête dans ma jeunesse, est aujourd'hui
» émanation de l'âme ; à l'instinct a succédé l'inspiration.

» On sait ce que produisent des forces imaginaires, entées sur
» des forces réelles ; l'homme embrasé d'une grande passion,
» qui a la fièvre du désir et l'énergie de la volonté, arrive in-
» vinciblement à ses fins ; soumis aux lois de la fermentation, il
» en traverse rapidement tous les degrés ; et c'est de crise en
» crise qu'il produit en lui le paroxisme de l'enthousiasme : à cet
» état, l'homme n'est plus lui, il franchit les barrières de la na-
» ture humaine ; alors les pieds à la terre et la tête au ciel, il
» utilise le passé, le présent et l'avenir. Quand donc je suis
» envahi par une volonté supérieure, je formule cette devise :
» *ce que je veux, Dieu le veut !* puis, c'est par des excitations
» et des surexcitations que je soutiens mon haleine jusqu'à
» gagner le but. — Le drame de ma vie est plein d'épisodes

» qui attesteraient qu'avec de la vigueur et de la persévérance,
» on saisirait jusqu'à une chimère. »

Telle est ma réponse à ce disciple qui crie à son maître : en avant, en avant ! celui-là désormais s'abstiendra de me donner de l'éperon.

Quant à l'autre disciple, néophyte, également à ferveur indiscrète, qui m'adresse un projet d'ultimatum (U), je dirai que, jamais les partis violents n'ont réussi à la liberté, le conjurant lui et les autres de ne pas perdre de vue que mon agitation, souverainement pacifique, ne comporte l'emploi d'aucun moyen extrême : et, pourquoi, en définitive, me laisserai-je aller à l'emportement ? Occupé de l'intérêt de tous et de chacun, n'ai-je pas en mains le levier d'Archimède avec lequel, mon point d'appui trouvé, je soulèverai, sans effort, tout le poids d'un abus, si écrasant qu'il soit.

Il ne faudra pas une année pour que tous les yeux s'ouvrent à la lumière ; nous passons de l'état aigu à l'état chronique, à cet état d'incertitudes, le pire de tous, et dont les intrigants savent tirer un si merveilleux parti. On ne prendra donc bientôt plus le change sur la véritable cause de nos maux.

(U) Voici les termes burlo-fulminants de cette protestation contre l'état de chose actuel :

« En face du ciel, de la terre et de l'onde : nous, hommes, femmes,
» enfants et vieillards, nés dans l'intervalle de 1749 à 1839, qui, aujour-
» d'hui 1er janvier 1849, représentons par conséquent, la génération
» passée, présente et future, nous déclarons protester contre l'invasion
» d'une nuée d'êtres patibulaires qui, comme les bohémiens que nous
» avons eus autrefois attachés à nos flancs, gâtent, frippent et désolent
» tout : de plus, nous faisons savoir à qui il appartient ou à qui il ap-
» partiendra, qu'à partir du 1er janvier 1850, nous refuserons obéis-
» sance à toute autorité illégitime, appelant de ce nom, tout pouvoir
» qui n'émancra pas de la véritable souveraineté du peuple, de celle
» qui se révèle par l'élection ou par la recherche du plus digne. »

J'adresse mes félicitations aux nombreux citoyens qui m'ont fait parvenir leur adhésion. Je congratule particulièrement les quelques fonctionnaires mêlés parmi eux ; ceux-là, hommes spéciaux, ont parfaitement compris que la réforme que je provoque, loin de les jeter hors carrière, ne tend qu'à les affermir dans leur position, en les soustrayant aux hasards du favoritisme et aux brutalités de l'arbitraire. Enfin je satisferai, par une réponse collective, aux trente-six objections, plus futiles l'une que l'autre, qui me sont parvenues.

Ayant embrassé un immense sujet, je ne puis me morfondre dans des considérations de cinquième et de sixième ordre ; je n'ai nul souci des difficultés de passage dans la transition du régime ancien au nouveau régime, le salut de la société étant là, toutes les difficultés céderont ; que m'importe non plus les inconvénients qui pourront se produire, surtout à notre entrée dans le système d'élection, si, au prix de ces inconvénients qui, du reste, sont infiniment moindres que ceux du favoritisme, d'une part je sauve la société en danger, et que d'autre part je relève notre dignité avilie.

CINQUIEME ARTICLE.

Le principe de l'admissibilité de tous à toutes les charges et fonctions de l'Etat fut, sans doute, une magnifique conquête de notre première révolution ; elle avait de la portée, une telle institution, qui stimulait le mérite de chacun pour le mettre au service de tous. En effet, l'astre de France flamboya durant 25 années ; c'est au système nouveau qu'il faut particulièrement attribuer la gloire immortelle dont se couvrirent les armées de la République et de l'Empire ; la morale, mise constamment en action, qu'un conscrit portait dans sa giberne le bâton de maréchal, fit de chaque Français un héros ; mais alors, la prodigieuse consommation d'officiers et de généraux fournissait à l'aliment d'une aussi grande affluence d'ambitions.

Dans ces mêmes temps, on trouva champ pour paître et repaître le troupeau de gens qui, à l'allure incertaine, ou sans esprit d'initiative, semblent ne pouvoir vivre de leur propre vie ; ils furent parqués, comme fonctionnaires, dans les gras pâturages des pays conquis.

Depuis qu'aux ving-cinq ans de guerre ont succédé trente-cinq ans de paix, quels effets contraires sont sortis de la même cause !

Après 1814, de néfaste mémoire, lorsque, bon et mauvais élément, tout reflua au cœur du pays, ce ne fut plus seulement le conscrit qui aspira à la plus haute dignité militaire, mais, ce fut encore l'écolier qui, décrété *capax*, s'affubla, au sortir des bancs, de la toge, au plus large galon ; ce fut l'avocat stagiaire qui se revêtit de la simare du garde des sceaux ; ce fut, etc., etc., etc. Malheureusement, c'est qu'il y a une troupe de soldats, une foison de bacheliers et une quantité de disciples de St-Yves, et qu'il n'existe, en définitive, que douze maréchaux de

France, trente présidents de cours d'appel et un seul ministre de la justice.

Visant le but d'aussi loin, on conçoit facilement qu'une fois le pied dans l'étrier, l'homme fonctionnaire ne voit dans sa première investiture qu'une pierre d'attente; c'est d'escalades en escalades et en grimpant sur les épaules des autres qu'il tend à gravir le faîte des grandeurs. Cette ambition immodérée qui, par ses mouvements multiples, ajoute encore à la concurrence, déjà si terrible par le nombre, ne tourne à rien moins qu'au profit du service.

Nonobstant la création de nombreuses sinécures, c'est ainsi qu'on nomme les abbayes de nos jours, la carrière s'est de plus en plus encombrée : plus on attisait l'ambition, plus l'ambition s'enflammait; c'est alors que l'intrigue et le favoritisme ayant brisé entièrement avec la considération du mérite pour le choix des fonctionnaires, il y eut lutte de dévergondage entre les octroyeurs et les brigueurs de place; ainsi, sous le régime éminemment oligarchique des députés censitaires, il était reçu que, de même qu'à la guerre, où dix canons font taire six canons, le coureur de places devait se rendre propices dix députés, s'il voulait l'emporter sur un concurrent qui n'en avait que six dans sa manche; je me sers de l'argot de ces tripoteurs. Ceci ne donne qu'une faible notion des actes répugnants qui se commirent sous ce gouvernement démoralisateur. Cependant il nous a été réservé de voir pire encore; c'est à peine si l'on est revenu de la stupéfaction qu'a causée aux vrais patriotes, l'âpreté cynique et famélique des parodistes démocrates du *National*.

Ce n'est qu'au moyen d'immenses sacrifices qu'on a pu se traîner jusqu'en dernier lieu dans cette fangeuse orniére; — quoiqu'en paix depuis trente-cinq ans, on a maintenu le décime de guerre; pendant ces trente-cinq ans aussi, on a dévoré les vingt-cinq millions qu'a fournis d'accroissement le budget de chaque année, enfin par des emprunts successifs on a plus que doublé la dette publique ; c'est, bien compté, sept milliards d'en-fouis ; car cette somme si incommensurable qu'elle soit, a tout entière passée dans des bouches inutiles. Est-ce suffisant comme cela ? le petit contribuable implore grâce! et le créancier de l'Etat crie miséricorde!

Il y a une considération d'un autre ordre : lors des secousses politiques qui ont précédé le mouvement qui s'accomplit de nos jours, le parti vainqueur mettait à la réforme le parti vaincu ; alors, l'armée des fonctionnaires était brisée en deux camps, dont l'un à l'activité et l'autre à l'expectative ; aujourd'hui, que le nouveau gouvernement se dit de conciliation, tous les partis, (je parle toujours des budgivores à quatre estomacs), se ruent en besogne ; Henriquinquistes, Louis-Philippistes, Bonapartistes, Républicains écarlates, Républicains *honnêtes*, Aristocrates, Oli-garques, Démocrates, etc., etc., tous ensemble se préparent à courir sus aux places. Notre budget étique peut-il fournir à une telle curée ?

Cet historique de faits contemporains, que tout le monde, par conséquent, est à même d'apprécier, prouve déjà, au délà de l'é-vidence, que, sous le triple rapport du service, de l'argent et de la morale publique, nous sommes à mille lieues de la pensée primitive de l'institution ; mais là ne sont que des considéra-tions secondaires à côté de la considération capitale du salut public qui a soulevé et qui fait croître mon agitation.

SIXIÈME ARTICLE.

Au milieu du cinquième ébranlement de mon agitation, j'ai soufflé que, des dépenses ruineuses, des services détestables, voire même des actes flagrants de corruption, n'atteignaient pas encore le sommet de ma question ; c'est que cette question qui est de vie ou de mort, ne laisse d'autre alternative que celle *d'être* ou de *n'être pas*. Or, quand on pâtit en silence, de maux tels que ceux dont j'ai fait la peinture, on est tombé à l'état végétatif, à cet état où l'homme n'est ni mort ni en vie.

Voici, du reste, à titre de consolations, quelques arguments sophistiques : je conviens qu'il est poignant d'avoir retranché de notre nécessaire trente-cinq fois deux cents millions pour n'avoir rien fait autre que sustenter des frelons ; mais la vie, à l'état de société, peut-elle donc s'acheter trop cher ? J'avoue aussi qu'il est cuisant, qu'après avoir payé si grassement des hommes d'affaires, notre chose ait été si fort gaspillée ; mais les intérêts privés, comme les intérêts publics, ne sont-ils pas soumis à cette adverse fortune ? Est-il donc si rare de voir des gens qui, ayant fait leurs affaires par *procuration*, vont mourir à l'hôpital en *personne* ? Quant à l'immoralité, je maintiens que, même en France, la terre classique de l'honneur, ce châtiment du ciel, mine, mais ne tue pas ; témoin le long règne de Louis XV.

Ce qui est à bien autre conséquence, ce sont les tragiques fureurs qu'exhale, quand elle n'est pas satisfaite, une ambition déréglée, démesurée et insatiable ; fureurs qui se traduisent chez une foule de misérables en coups de poignards contre la patrie.

La fonctionomanie qui, de nos jours, a atteint son plus haut paroxisme, est fille de la gourmandise et de la paresse ; elle ne s'assouvit que sur les charges dont l'abondance du lucre ne le cède qu'à la rareté des travaux : dans le langage administratif, mieux faire c'est moins faire.

Les fonctions salariées de l'Etat sont donc de véritables primes offertes au sybarisme et à l'épicurisme ; ceci seul explique l'appétence qu'elles excitent chez un si grand nombre ; cela explique de plus la ruse, et, au besoin, la force qu'on emploie pour s'en rendre maître ; de règle constante, il y a dix compétiteurs pour chaque siége, fauteuil ou escabeau vacant, et c'est le plus alezan des dix qui l'emporte.

Je mouchetais aussi dans mon dernier branle, la masse compacte des solliciteurs au millésisme de 1849. Je vais classer, dans leur ordre chronologique, certains temps qui ont marqué les recrudescences successives du fléau qui nous désole ; au moyen de cette simple donnée, on jugera s'il y a une minute à perdre pour opposer une digue formidable aux flots sans cesse montants des écumeurs de places.

Voici donc l'histoire contemporaine des vertueux de l'aristocratie, de l'oligarchie, de la gérontocratie, de la théocratie, de l'autocratie, de la démocratie et de la démagogie, observant que les dix-neuf vingtièmes des prétendus apôtres de ces divers régimes (je ne parle toujours que de l'engeance des solliciteurs) s'aiment, non pas un peu ni beaucoup, mais passionnément plus que leur idole.

Je passe les années de la Constituante et de la Convention ; les hommes de cette époque avaient des convictions politiques sincères ; ils furent par conséquent désintéressés. Je commence par Sa Majesté l'Empereur, qui, dans des vues de politique personnelle, et aussi parce qu'il connaissait à fond le cœur humain, s'appliqua à eunuquer tous les personnages de l'époque ; pour cela, il n'eut qu'à les gorger de places, d'argent et de croix, il alla même jusqu'à leur donner des savonnettes à vilain (T). — Ce fut dans ce temps qu'il forma les cadres de la centralisation dont l'état-major devait décupler vingt ans après lui : puis, les chances de la guerre étant favorables, il inonda les pays étrangers d'administrateurs français : un si gros germe devait avoir un immense développement.

Arrive 1814, Louis XVIII rentre en France : ce fut royalement que ce souverain reconnut les services des preux de Coblentz et de la Vendée ; or, comme le plus grand nombre de ceux-ci étaient déjà quelque peu mûrs, (on les désignait dans la nation sous le nom de voltigeurs de Louis XIV), il fut créé pour eux une foule de sinécures ou autrement dit, de bons canonicats laïques : ces nouveaux fonctionnaires, ceux résidant au sein de la vieille France, enfin ceux revenus des trente départements conquis, puis repris, formaient déjà une souche-mère qui promettait bonne lignée.

1815 arriva : il y eut action et réaction politique, joûtes, par conséquent, entre les fonctionnaires impérialistes et royalistes ; ceux-ci brisèrent les autres. De cette époque, datent les tiraillements qui n'étaient que les préludes de l'écartellement dont on supplicie aujourd'hui notre pauvre société française.

Après Louis XVIII, vint Charles X qui, ayant une camarilla pourprée, enrichit, lui aussi, la légende des heureux de la terre par des promotions cléricales : en ce temps-là ! dira l'histoire, une bonne fournée de pères ecclésiastiques se fit !....

Vint ensuite 1830 : Louis-Philippe qui, comme Napoléon, faisait de la politique personnelle, travailla aussi à se faire des créatures ; durant son règne, il fut créé 40,000 places nouvelles, lesquelles places bien pourvues, servirent d'apanages aux fils cadets des députés.

Enfin nous voilà en 1848 : c'est le branle-bas de combat aux

<hr>

(T) A l'illustration nobiliaire des Montmorency et des Latremouille, a succédé celle des *Comte* Cochon et des *Baron* Boudin.

places, ce fut au plus roué ou au plus osé. Alors s'est vérifiée la parole d'un philosophe moderne (S). On voyait affluer dans les salons des excellences du jour, les solliciteurs de tous les partis et de tous les étages.

Cette immense promotion de fonctionnaires, choisis, pour un grand nombre, parmi des gens au ban de la société, aura des conséquences incalculables; chacun aura reconnu qu'il ne faut ni habileté, ni moralité, pour être député, ministre, ambassadeur ou préfet; et tous ceux qui en ont goûté, seront longtemps affriandés par les douceurs des places, douceurs qui, jusque-là, n'étaient connues que d'un certain nombre; enfin tous auront été témoins de la forte étape qu'on peut faire en un seul jour de révolution. Il ne faut pas douter un instant que les nombreux intrigants mêlés aux patriotes de février, ceux qui s'étaient emparés de la chose publique et qu'on éconduit en ce moment, reviendront à la charge; le seul moyen d'échapper à la mine, c'est de jeter de l'eau sur les poudres.

Je ne dirai rien des quatre mois de l'état de siége, quoique j'en pense long; ceux qui faisaient auréole à la grande figure Cavaignac n'étaient pas tous des anges de l'école républicaine; et malgré la pruderie dont ils s'entouraient ou peut-être à cause de cette pruderie qui, à mon sens délié, prête le voile aux désirs, j'incline fortement à penser que beaucoup de nos honorables avaient leur dévolu jeté. C'est, du reste, dans les hautes régions qu'afflue le virus de la peste que je prends à tâche de détruire.

Enfin nous voilà, à l'heure qu'il est, assiégés par tous!

Existe-t-il un système gouvernemental, ou voguons-nous à merci?

(S) Si la peste avait des places, de l'argent et des croix d'honneur à distribuer, elle trouverait des flagorneurs dévoués à son culte qui porteraient la bassesse jusqu'à préconiser ses ravages.

Une nation ne peut vivre au jour la journée ; les petites éclaircies qui se produisent sur notre horizon, si chargé de nuages, ne sont aux yeux des hommes qui plongent dans le lendemain, que des voiles masquant les abîmes qui nous environnent.

Aide toi, le ciel t'aidera : telle est la maxime qu'il faut suivre, pour sortir au plus tôt d'une telle perplexité : Dieu merci ! comme les stupides orientaux, nous ne sacrifions pas encore sur l'autel du fatalisme !

J'offre un exemple éclatant de la faculté d'initiative, cette faculté ne partit-elle que d'un seul ; c'est à peine si le premier branle de mon agitation date de six semaines, et, déjà, je me sens transporté de la fureur prophétique ; c'est véhémentement remué par l'amour de la patrie, que, debout sur le trépied et avec l'accent de l'inspiré, je puis crier à tous : *Hors de la réforme que je propose, point de salut !* (R)

____

(R) Ce ne sera plus en Pythonisse qui rend des oracles, mais en mathématicien qui calcule les lois du niveau et de la pesanteur que, dans un prochain article, je ferai apparaître cette cruelle réalité, savoir :

Que c'en est fait de la France, si au plus tôt l'on ne s'applique pas à détourner le torrent dévastateur d'une ambition effrénée.

SEPTIÈME ARTICLE.

Au point où je suis arrivé dans la vie (Q), la nature devient longitudinale ; alors il n'est plus donné à l'homme de passer debout à travers une longue narration. C'était préoccupé de ce fait avéré et constant que, dans l'exorde de ma harangue agitatrice, j'employais une précaution oratoire à l'effet de me prémunir contre l'exigence d'auditeurs trop pressés ; cependant, chose qui a surpris tout le monde, et dont je suis moi-même émerveillé, voilà six semaines que je tiens la parole, et jusqu'à cette heure, mon récit a marché droit au but ; mon style, dans certains passages, a même été analytique ; j'ai, en un mot, peu péché par digressions, et je suis resté net d'aucunes redites. A quoi attribuer un tel phénomène, sinon à l'absorption de mon être, qu'une idée fixe tient lié et enchaîné ; (1) sinon encore à la nature exceptionnelle de mon thème qui, ayant une immense propriété intrinsèque, repousse toute espèce d'emprunts, sinon enfin à ce que le véritable patriotisme qui ne s'exhale que par des accents pathétiques, se retrempe sans cesse à la fontaine de jouvence.

Faut-il qu'un accident vienne interrompre un si bel entrain ! Un document qui n'est qu'une dépendance de mon sujet, avait été produit par moi sous la forme d'une note, mais par le

(Q) Je cours à 60 ans *d'âge*, dont 40 campagnes très-effectives, partant, je suis bien chargé des 100 ans de *vie* que j'ai accusés lors de la mise en mouvement de mon agitation.

(1) Il n'est personne à Nancy qui ignore que l'auteur de l'Agitation pacifique, après avoir exprimé en signes hiéroglyphiques son état monomaniaque, l'a formulé dans ces quelques mots :

Que mon idée triomphe, ou que j'aille à Charenton !

Note de l'éditeur.)

temps qui court, on ne lit plus les notes ; et voilà que des objections, que j'avais réfutées d'avance, viennent m'assaillir de divers côtés : force est donc que je *reproduise* dans le texte majeur, ce que déjà j'avais *produit* en petit texte. En voici la substance entière :

Article 5 du Code réformiste, ayant pour titre : L'élection par leurs pairs, conséquemment l'élection diverse suivant les diverses carrières, de tous les commis de la République.

« Le mandat à vie ou à temps, donné à un citoyen pour
» gérer telle ou telle fonction, sera toujours révocable pour
» cause de concussion, de prévarication ou d'inaptitude ; les
» mandants, c'est-à-dire ceux auxquels appartient l'élection,
» seront les seuls juges habiles à apprécier le troisième de ces
» motifs ; toutefois, ceux-ci ne pourront user de cette faculté
» qu'autant que, de leur sein, jaillira une protestation contre
» le maintien d'un fonctionnaire, et que l'acte où sera consigné
» cette protestation, fournira l'expression d'un nombre de
» volontés double, à celui représenté par les suffrages originai-
» rement captés par l'élu. »

Usant de cette excursion, j'informe le citoyen dont la protestation gît également dans le linceul d'une note (voir le 4e article sur l'Agitation), que toutes nouvelles instances de sa part pour m'entraîner dans la voie militante seraient superflues ; je ne recourrai pas à un parti qui est, sinon compromettant, au moins intempestif.

Rentrons dans notre sujet : Nos pères avaient créé une force motrice qui était appropriée aux besoins de leur temps ; depuis, cette force, par son mouvement sans cesse progressif, a acquis une puissance telle, qu'elle menace d'emporter la société. Que faut-il faire ? Cette proposition est une des plus élémentaires de la mécanique ; quand une force se déchaine, on la refrène par des contrepoids. Une inondation devenant imminente, y a-t-il urgence à lui opposer une digue ? La réponse à une telle question part des entrailles, vu que, celui auquel elle est adressée obéit au premier instinct de la nature, au sentiment de sa conservation. Enfin, il existe une règle éternelle, c'est qu'on ne détruit les effets qu'en détruisant les causes ; or, quand il est démontré que l'idolâtrie des places est la source de tous les maux de la France, ne doit-on pas s'empresser de tarir cette source ?

En 1789, il fallût des stimulants pour faire naître une noble émulation : en 1849, il faut des calmants pour ôter l'âcreté d'une gâteuse ambition.

Avec le temps, tout s'use, je ne le sais que trop, hélas ! est-il, en définitive, une seule institution qui ait résisté à la pierre de touche des soixante années dernières, de cette période de temps dans laquelle tourbillonnent des siècles ?

Il n'existe qu'un seul contrepoids susceptible de ramener, à son taux, la force surexcitante des brigueurs de places, c'est l'élection. (P) Il y a cette coïncidence heureuse, que ce mode de pourvoir aux emplois publics vient s'ajuster à point avec notre état politique, si toutefois on admet que la France jouisse, en ce moment, d'un état politique quelconque ; l'innovation que j'apporte, n'offrit-elle donc que cet avantage de nous faire prendre notre assiette, déjà, elle aura produit immensément.

Par l'élection : on brisera d'un coup la milice des janissaires qui nous tiennent sans cesse sur le qui vive, et presque sous le

(P) Je ferai remarquer que par l'élection, j'entends la recherche du plus digne, et que, par conséquent, je suis disposé à admettre tout engin électoral dont la fonction aspirante et foulante fera surgir les capacités en purgeant notre corps social de toutes les eaux rousses qui en dégouttent ; ainsi, quoique la réforme doive être radicale, elle ne s'opérera pas uniformément partout ; le concours, la hiérarchie d'ancienneté seront les modes de promotion et d'avancement dans plusieurs carrières : *voir du reste les quelques mots que j'ai déjà dits à ce propos au 2ᵉ article de mon agitation.*

couteau. A quoi en effet aboutiraient les émeutes, lorsque les capitaines et les lieutenants de ces émeutes sauraient, qu'au lendemain comme à la veille de l'action, ils seraient tenus de comparaître devant leurs pairs pour obtenir des places.

Par l'élection : on arrivera, quand même, à l'état de République, à cet état si digne où, d'âme, de cœur et d'esprit, tout citoyen s'improvise soldat ou constable ; alors le sol comme la loi devenant inexpugnable, aucun ennemi sérieux du dedans ni du dehors n'étant plus à redouter, on cessera d'entretenir ces armées permanentes qui font la honte du siècle, tout en consommant la ruine du peuple.

Par l'élection : on attaquera à sa racine la corruption dont nous a infectés le dernier règne ; on videra les écuries d'Augias en refoulant la basse intrigue de ceux qui briguent et le cynique népotisme de ceux qui octroyent, alors poindra l'espoir de remettre la vertu en honneur.

Par l'élection : on complètera la grande pensée des véritables réformateurs de 89 : la souveraineté du peuple ne fera plus de délégation qu'aux plus dignes ; alors seront réhabilités les gouvernants aux yeux des gouvernés, alors l'autorité, qui est conspuée à cause de l'investiture frauduleuse dont on la croit entachée, reconquerra de la force et de la considération ; alors enfin, nous serons administrés.

Par l'élection : on résoudra le grand problème du règne de la démocratie, c'est-à-dire du peuple faisant lui-même ses affaires, alors se traduiront en faits les dogmes de la liberté et de l'égalité ; alors ne trouveront plus d'échos, les cris fratricides de mort aux nobles et aux bourgeois ; alors on n'équivoquera plus sur le droit divin ; alors enfin, la nation française ne formera plus qu'un faisceau de citoyens. Là tout entier et non ailleurs, comme un doctrinaire fameux (O) le prétend, est le code disci-

(O) Si spécieuses que soient les raisons du docteur Guizot, elles ne me rompront plus ! il faut qu'il y ait chez cet homme une habitude invé-

plinaire de la démocratie : c'est surtout en France, où l'on voue
un culte idolâtre à l'égalité, qu'il faut constituer un état politique
où tout le monde obéisse, sans que *personne commande.*

térée de la férule, une présomption archi-pédantesque, pour s'arroger
encore le droit de nous régenter; quand on s'est trompé aussi grossiè-
rement qu'il l'a fait, on ne doit plus reparaître sur la scène du monde.
La fatale aberration de M. Polignac qui tenta de violenter les instincts
de la famille, ne fut pas plus impolitique que celle à laquelle s'es
laissé aller l'homme d'Etat de nos jours; ce dernier n'a-t-il pas, lui
aussi, outragé les instincts les plus généreux du pays, lorsque, mettant
les Français au service du saint-office des rois, il voulut schlaguer les
patriotes italiens, et morigéner les démocrates suisses; c'était, suivant
les mots boursoufflés de la doctrine, pour *éteindre le foyer des conspi-
rations,* pour *mettre un terme aux commotions politiques,* pour *sceller
l'abîme des révolutions :* qu'on juge de sa longue vue par la surprise
qui l'a saisi; et que désormais, malgré sa qualité de grand prêtre,
ses paroles si sententieuses et si prétentieuses qu'elles soient, n'aient
plus que le discrédit des faux oracles.

Sans doute que la démocratie coule à pleins bords, mais oppose-
t-on une digue à un torrent? on lui fait au contraire large passage; cette
démocratie, en France, qu'il ne faut pas confondre avec la démagogie,
puisque, tirant son essence de la propriété, elle est éminemment con-
servatrice, ne peut être trop affluente, attendu que ce n'est qu'à son
excessif développement que nous devons de pouvoir nous poser en
République au milieu de la vieille Europe.

Je le dis avec une profonde conviction, la vraie liberté et la vraie démocratie, c'est-à-dire l'affranchissement de la nation et son ennoblisse-
ment ne dateront que du jour où le peuple fera lui-même ses affaires,
et pour en venir là, il faut qu'il s'émancipe entièrement de la tutelle et
de la curatelle des rois et de leurs suppôts, les doctrinaires et les oli-
garques.

Arrière donc les pharisiens, et peste aux sophistiqueurs qui ont failli
nous empoisonner : sortis vivants des épreuves que nous venons de tra-
verser durant trente-cinq années entières et consécutives, qu'il soit enfin
prouvé à tous que notre corps social jouit d'un tempérament assez ro-
buste pour que, même en maladie, nous laissions agir la nature.

Par l'élection : on substituera aux avocats les hommes positifs, aux bureaucrates les travailleurs, aux médiocrités les capacités, aux intrigants les honnêtes gens, et désormais la théorie n'écrasant plus la pratique, on aura moins d'hommes généraux, mais bien plus d'hommes spéciaux. Désormais non plus des faquins, qui n'étaient faits que pour l'obéissance, n'insulteront plus à des hommes nés pour le commandement (N).

Par l'élection : on arrivera enfin au gouvernement à bon

Il est encore un autre *important* de l'époque qui, lui aussi, a la fatuité de se poser en sauveur de la France ; ce petit docteur, d'un autre genre, vient de faire un gros livre pour démontrer le respect dû à la propriété, comme si une telle proposition, qui est l'axiôme des axiômes de l'état de société, se démontrait; c'est un moyen comme un autre de sortir des coulisses pour reparaître en scène.

Afin de s'exhausser lui-même, il grandit son héros : on conçoit qu'en faisant de Proudhon, l'hydre de Lerne, il apparaisse comme un Hercule au sortir de sa lutte victorieuse contre un monstre si effroyable.

Je n'userai pas un volume pour dire son fait à notre Gracchus moderne, à ce plagiaire des prôneurs de la loi agraire qui vivaient deux mille ans avant lui. Voici le quatrain en prose que je lui dédie :

« Proudhon est un maniaque ou un brigand ;
» Son lot n'est pas un piédestal,
» Mais bien une cellule à Charenton
» Ou un cabanon à Toulon. »

(N) Il est encore un immense parti à retirer de la réforme que je propose, et que, pour ne pas blesser la susceptibilité de quelques nationaux, je place sous le scellé d'une note : par l'élection, non seulement l'esprit public se réveillera chez tous, mais le bon sens reviendra à chacun : deux choses en effet forment la judiciaire de l'homme, savoir: sa propre expérience, et la faculté d'initiative ; quand donc le peuple souverain fera ses affaires par lui-même, il jouira bientôt du discernement propre à choisir ses employés; il en jouira d'autant plus abondamment qu'il aura été plus victimé dans ses premiers essais : point donc de soucis ni de regrets sur notre apprentissage et sur nos écoles dans la carrière où il nous faut entrer.

marché ; vainement l'immense locomotive administrative , qui est le cheval des Grecs, voudra-t-il entrer dans notre nouvelle Troie. Chacun n'étant plus rétribué que selon ses œuvres , c'en sera fait pour toujours du sinécurisme. Alors, l'ordre , l'économie et le travail formant les bases du système gouvernemental', de plus, le budget des recettes étant fait avant celui des dépenses , tous les citoyens qui , généralement , prennent leur impulsion d'en haut , cesseront de dépenser plus qu'il ne gagnent, et ne se créeront plus de besoins avant de pouvoir y satisfaire. Un budget vraiment normal sera la meilleure école de tempérance , et par conséquent le plus sûr conducteur aux mœurs républicaines. La discussion d'un tel budget deviendra aussi la chaire par excellence d'économie politique.

Un autre corollaire découle de l'allègement du budget, c'est qu'on étuvera la plaie du paupérisme : tout ce qu'on retranchera aux gueux riches devant, en définitive, faire retour aux prolétaires , alors , nous n'aurons plus rien à envier aux Anglais ; car, qu'est-ce que la taxe des pauvres à côté de la taxe des riches ? (M)

Par l'élection : on restituera aux citoyens scrupuleux l'initiative d'influence dans le choix des députés ; car je suppose que beaucoup, comme moi, en sont arrivés à ce scepticisme désolant qu'après tant de masques connus (L) , ils n'oseront plus recommander un seul homme pour la législature, aussi longtemps qu'on n'aura pas ôté aux élus l'immunité de faire tourner la chose publique au profit d'eux et des leurs.

(M) Il est encore un autre corollaire que je ne déduis pas, parce que, banquier, je pourrais être dit *orfèvre* dans la question : par l'allègement du budget, nous amortirons enfin la lourde dette de l'Etat, et la faveur dont rentrera en possession la fortune publique refluera sur toutes les valeurs de la fortune particulière.

(L) Ainsi que l'a dit J.-J. dans une de ses boutades contre la civilisation : l'haleine de l'homme serait-elle donc mortelle à ses semblables ?

Par l'élection : on régénérera la France , que dix-huit années de fièvre putride et une année d'agonie, ont fait descendre à un état si désespéré qu'un remède héroïque peut seul la sauver.

Par l'élection enfin , on ôtera au Président de la République la faculté de surmonter son fauteuil d'un dais royal ou impérial. Cela semblait être la grande préoccupation de nos constituants , lors de la pénible gestation de leur œuvre , et cependant ils ont dit implicitement, dans la grande charte, que le chef de l'État pourvoirait *suivant son bon plaisir* à toutes les fonctions salariées ; comment expliquer une telle contradiction, sinon par l'esprit ou trop double ou trop simple de nos Lycurgues modernes, qui nous ont fait une existence métis, une existence tellement apocryphe, que personne ne sait, politiquement parlant, s'il est chien ou loup. Quelle nécessité, me suis-je demandé vingt fois, y avait-il donc, ainsi que les doctes de l'Assemblée le soutenaient, qu'on dût combler de prérogatives, le premier commis de la République ; j'ai encore moins compris qu'on lui composât une liste civile.

Mon sujet est si abondant que je ne tarirais pas si je voulais l'épuiser ; mais à quoi bon l'étendre d'une foule de considérations secondaires ; il en est une devant laquelle toutes les autres pâlissent, c'est le salut de la société. Oui, je le crierai sur les toits : c'en est fait du beau pays de France , si, par un acte de vigueur, on n'opère pas immédiatement et radicalement (K) la réforme que *nous voulons !*

(K) Ce serait ne rien faire que d'effectuer seulement partie de la réforme ; peut-être même que la fièvre des places serait d'autant plus incandescente qu'il y aurait moins de nominations laissées à l'arbi-traire et au favoritisme.

HUITIÈME ARTICLE.

Au feu!... au feu!... au feu!...

Peut-être qu'en sonnant le tocsin d'alarmes, je donnerai un peu de ton à la fibre lymphatique de ces mollusques à deux pieds qui, végétant depuis leur naissance, végéteront jusqu'à leur mort. Une quantité de ces pécores ayant à peine le sentiment de leur existence de la veille, sont tout-à-fait hors d'état de vivre dans le lendemain.

Le moyen oratoire qui surexcite cette pulsation chez l'agitateur *pacifique*, est encore déterminé par la moleste que lui ont fait ressentir les petits incidents, les petites objections, les petits expédients, les arguties, les minuties, les ergoteries, les pointilleries, la sensiblerie, la liarderie, le crétinisme, le rachitisme, et lâchons le mot : l'égoïsme ; les *mais*, les *si*, les *car* d'une race souffreteuse, loquace et taquine qui, par son vaste savoir en scholastique et en chicane, semble appartenir aux siècles du bas-empire. Quelle dégénération, grand Dieu ! du peuple français dans les villes. Quel outrage aux mânes de 89.

Certains de ces endoloris, renversant les yeux, portant une main au ciel et l'autre sur leur poche, ne rendent leurs gémissements que par des hélas ! comme si c'était avec des hélas qu'on conjure les dieux infernaux. Un très-grand nombre, prenant les effets pour les causes, imputent à tels ou tels hommes les fautes qui n'appartiennent réellement qu'à la nature humaine ; du reste, n'étant propres qu'à la petite guerre, ils fuient le véritable lieu du combat, et battent sans cesse les buissons ; je les conduis sur le mont Sinaï, ils me font descendre dans la vallée de Josaphat : voir l'article signé M   au journal l'*Impartial* du 9 de ce mois, on aura le type de ces tiers de héros qui combattent par la bouche, avec la langue de

Pantagruel, et par le bras, avec la lance du vainqueur des moulins à vent. Que peut un seul homme contre tous? Que peut la province contre Paris? Voilà les *dadas* sur lesquels ils chevauchent sans cesse, et qui servent à pavaner même leur couardise. Quelques méticuleux qui ont conservé religieusement les traditions de leur père sur les temps de la Terreur, craignent sans cesse de se compromettre, et ne parlent politique qu'en diplomates au petit pied. D'autres, trouvant bien tout ce qui a été, tout ce qui est et tout ce qui sera, vivent dans un optimisme, d'où il y aurait cruauté de les tirer ; jamais ils n'ont couché dans le lit qu'ils se sont fait la veille, et toujours ils continuent à se faire leur lit du lendemain ; le tempérament de presque tous ces êtres ne comporte l'emploi que de doux électuaires, et la force d'inertie d'un très grand nombre d'entre eux est capable de dérouter le plus fervent des apôtres.

Il existe encore parmi les oisifs des villes une autre classe d'hommes abâtardis, ce sont ceux, à l'esprit romanesque, qui ont besoin d'émotions fortes; auxquels, par exemple, les bulletins d'émeutes font le plus grand bien ; ces mélodramaturges prennent plaisir aux spectacles où se jouent les malheurs de leur pays.

Il y a enfin ceux à résistance calculée, les commensaux et les commensaux des commensaux du budget, qui, se pinçant les lèvres d'un rire sardonique, disent que je suis un idéologue voulant la République de Platon. Et moi aussi, je ris, non pas des lèvres, mais des grosses dents : rira bien qui rira le dernier.

Rassemblant ces diverses bandes, on en formerait déjà un gros d'armée ; mais qu'est-ce qu'une armée où la goujaterie domine? Fût-elle encore dix fois supérieure en nombre, elle serait mise à néant par une poignée de démocrates au cœur gaulois. Grâce à Dieu, la France n'est pas entièrement tombée en cotillon ; le fretin des villes n'est pas ce qui domine dans sa population ; les campagnes sont vierges de toutes les turpitudes en cours.

Ce sera donc par le nombre autant que par l'éternelle justice, que la raison finira par avoir raison et qu'on secouera enfin la poussière des pharisiens et des publicains. Déjà s'est formé autour de moi, un noyau d'hommes d'élite qui me prouvent que le civisme n'est pas mort sur la noble terre de France. Rien désormais ne pourra suspendre le majestueux mouvement qu'a imprimé mon agitation , pas même les deux partis , rouge et blanc , qui ont rêvé l'un et l'autre de nous ramener aux carrières.

Je rentre donc sous ma tente , conservant toutefois ma vieille armure , que le patriotisme le plus pur avait forgée et que vient de retremper l'invincible vérité.

FIN.